kookbooks

kookbooks | Reihe *Lyrik* | herausgegeben von Daniela Seel | Band 8

Monika Rinck

zum fernbleiben der umarmung

Gedichte

books

1. Auflage 2007
© 2007 kookbooks, Idstein
Alle Rechte vorbehalten
Gestaltung: Andreas Töpfer, München
Gesetzt aus der Bembo & der Kookone
Druck & Bindung: Steinmeier, Nördlingen
Printed in Germany
ISBN 978-3-937445-23-6

sie werden erheitert

das unternull der romantik

das war das höchste eis. krass, caspar david.
kathedrale mittenrein geschnitzt, es taut ihr
ihren nassen schlund hinab. atemnehmend.
ein senkrechter gletscher, flaschenhals, darin
hallen und gemächer. unten wasser, schwarz
vor kälte. sehr kalt, sehr schwarz. es wandeln
die puten, von denen nur der kern zu sehen ist.
wie eine kaffeebohne in bewegung, doch darf
man sich nicht täuschen. die pute ist noch da,
nur ist sie nicht zu sehen. das ganze ist fatal.

zum fernbleiben der umarmung

sie wollten nicht noch ein weiteres mal sterben,
sich kollidierend verfehlen, war ihre einzige chance.
sie hatten dazu die stadt, das land, ihren namen,
worunter sie verschwanden und wohin es sie rief.
es war eine decke, über sie gebreitet, ihre augen
geschlossen, wussten sie blind, es musste eine sein.

sie haben alles gehört. sie wollten zerspringen. beinah
starben sie da schon zum vierten mal. alles blieb stehen
und liegen. sie gingen also ein in weltverlöschung.
sie mussten auf jahre dort zelten. das beet ohne erde.
die scheußliche wanne. die wolllosen maschen. das ding
ohne stil. drinnen, der mantel. an der see keine see.
das schlagen der brandung. ihr auf ewig trockener takt.

als gäbe es nichts als die auf den tod weisende aussicht,
man müsse in der tat mit dieser antwortlosigkeit leben.
love calls us to the things of this world, was aber ruft uns
davon weg? fern bliebe ihnen der sinn des horizonts
und sie blieben in der ferne, die ihre bleibe würde, alsbald.

wie diese liebe für einen haaransatz, eine duftende linie
am hals, all das ist fort, ist nicht geblieben, sondern fern.
auch für diese bleibe gab es eine zeit. und in dieser zeit
gab es keine andere bleibe als diese ferne, die sich weitete.
das war der grund, einen anderen hatte es nie gegeben.

das war der grund, einen anderen wird es nicht geben.
und dann verloren sie ihn und sie verloren ihn wieder.
nur dass es da schon ein anderer war. sie sind geblieben,
um wieder zu verlieren, daher blieben sie. ihnen half das
nicht mehr, aber ihm half es, dem verbesserten menschen.

das gegenteil von verführung

dieses dörren, ist das jetzt noch protest gegen den fortgang der zeit –
oder dieses unmerkliche wachstum trotz schlechter behandlung,
seit jahren hab ich den gammligen rest aus den tassen – will hier
einer noch kaffee – in die töpfe gekippt, oder sie wurden wochenlang
gar nicht gegossen, lockere, holzige stängel in so etwas wie erde.
dass sie weiterhin wachsen oder so tun: sie parodieren das leben.
und in meinen rücken stemmen sie stumm ihre kippligen schwerter,
ausgehebelt beim transport von einem büro in das andre. sie lehnen
in ecken, betreiben tristesse und photosynthese. was eben noch
den prozessor kühlte, verbrauchen jetzt unsere achtstündigen lungen.
was ist denn das fürne pflanze? die hat heidrun mitgebracht, man hat
schon hunde ohne fell gezüchtet, hat man, aber pflanzen ohne blätter?
vor diese pflanze stell ich mich hin und sage in das surren der rechner:
»einst ruhe ich ewige zeit.« und denke das draußen, ein wehen, zärtlich,
die blätter, die blätter, bewegt im verbund und unter ihres-irisgleichen,
und diese eine hässliche pflanze hier als erlösergestalt, sodass wir alle,
alle auferstehen in eine nicht mehr brauchbare zeit, in der wir nicht säen,
nicht ernten, nur ausharren im gegenteil von verführung. alle sagen:
morgen bringe ich torf mit. es kommt der morgen, keiner bringt torf mit.

bitte wie geht vorbereiten

bitte wie geht vorbereiten, wie geht bräunungscreme
und haare waschen, das sind doch alte fragen,
menschheitsalter kommen da zusammen, so wie
auf einer landungsbrücke stehn und schnittchen essen,
weil jemand sich verlobt, und ein orchester spielt,
und immer wieder ausgeschenkt und eingeschenkt.
dreht sich der wind, wimpelt, legt den trizeps frei,
bordüren hampeln, paspeln, angefasste oberarme, jahaa,
der unterschied zwischen champagner und fleischfarben
ist bekanntlich nur graduell. oder lieber doch (jetzt noch?)
auf die körper übergreifen, an den anziehsachen reißen
und in hinterzimmern liegen, wenn es draußen hell
und innen redlich wird. und schließlich etwas schreiben müssen,
das viel jünger ist als ich, sodass die ottern lachen müssen
und sich an den händen fassen, ringelreihn, nein, nein, nein,
das ist nicht mein dessous, das muss von jemand andrem sein.

hoho hortensie

hoho hortensie, du warst da, als solitairin standest du
in deiner vase und ich schrieb dich nicht, du gammeltest
und wurdest doch nicht kleiner. jetzt komm mir nicht
mit kinderschürzen oder briefpapieren. ich bin ja da, ich –
kümmer mich. hortensie, kennst du die lampen nicht,
denen du das vorbild gibst, rund (natürlich rund) und
so beliebt in clubs und retro-diskotheken? kennste nicht.

oder eine runde (jahaa, runde) raumstation im orion,
wer wohnt darin? hoho hortensie, du ahnst es nicht:
ein beschürzter frank sinatra, fixing drinks, hantierend
mit dem cocktailbesen und der sodaflasche, wohnt
mit seiner profibar in deiner umgekehrt gewölbten mitte,
und außenrum nur univers. hörste mich, hortensie,
außenrum nur univers und große schwarze schwärze.

california dreaming

emigrierte philosophen, genau genommen ontologen,
mit ihrem glauben an erschütterung im eames-chair.
die konstruktion, die ganze fläche, ein panorama
hinter glas, gewölbt, im augenwinkel morphen formen.
darunter: zwei hunde mit pfoten aus teflon in hellbeige.
sie scheinen zu warten, als arrangierte begleitung,
nur auf was, das weiß man ja nie, nicht bei tieren.
sie erheben sich, gähnen. einstweilen betasten
gehäkelte deckchen das polierte buffet, das tal
wird lavendel, braune trapeze, entschiedene form
von zypressen, und die sonne geht auf oder unter.
die wiederkehr von struktur schafft beruhigung,
bahnen, gehäkeltes so-sein, *The Courage to Be*.
so verziert sich auch noch das nicht-sein mit troddeln
und der sich ängstigende stürzt auf seinem weg
in den abgrund an floralen applikationen vorbei.
es wird daher begreiflich: alles, wirklich alles ist eitel.

hypotypose: liegen auf schienen

fahrten, schwere fahrt nach süden, darauf ich
schlief überhaupt nicht mehr. kam licht, ein dreckig,
silbrigglühend licht von den gipfeln der berge her.
es kam sehr. war der liegewagen deckendunkel,
war bewusstlos (bis auf mich). am brenner erstaunte
ein schwankend kantischer aufbau. oder auch:
ein hartherziger schankherr. mensch kant.
ich wurde geweckt, um nie wieder zu schlafen.
wehe, wer war das. ich merkte, auf schienen:
das ist die kritik meiner kraft. ungeachtet
seiner inneren zufälligkeit, hat das schöne
eine sittliche neigung nach außen. jedoch:
meine hungernde einbildungskraft hohl, insolvient,
wiederholt listlosen einsatz, kultus kann wegfalln,
denn die lippen wurden entfernt. alles von kant!
so lange. und länger. wird es dauern, bis wieder ansteht
natürlicherweise wie lieblicher hausbau auf lichtung:
zweckmäßigkeit plus lust im verhältnis von gunst.

die dritte hand

du kannst deinen kopf benutzen als eine dritte hand.
der schrank. diese liebe. haltung. und gehalten.
solch weit entferntes kleid war uns die angst.
ich hatte einen schal. er hatte einen angellatz.
du bekommst jetzt deinen platz, in der fügung,
durchaus unfroh. richtig in der rückschau, giftig
in der gegenwart. und zwischen den augen ein auge.

nein, das kann nicht sein, dass ich das gewesen bin,
die jedwedes dieser leben in der hand gehalten hat,
und zugedrückt. sie waren doch spurlos, die kuppen
warn tasten in einem raum, der sich selber entfernte,
als er nichts mehr enthielt. ich atmete licht. die katze
kam zu mir, denn die arbeit war ich. die zerstörten wurden
noch am selben tag miteinander verkuppelt. amen.

hier im portfolio der invaliden, die mir nicht glaubten,
gibt es nachbilder davon. stiefel an. schnalle auf.
bändel lockern. riesenbusen meistern. straßen teeren.
stellen brennen. um vergebung betteln. aber ich, ich –
bin doch hier und bin aus mensch, ich trage sorgfalt
als eine brille, ein halsband, ein lebendiges pfand.
lassen sie zeit sich oder mich auch nur mal zur ansicht.

und hatte schon immer das ding eine schwäche
für etliche schmerzen. dann wärs ja ganz recht.
wann ist die rage verklungen? ja, bin ich im selben,
wir alle hier sind im selben geblieben und teilen
dieselbe nacht, zumindest, was ihre neige angeht,
seinesgleichen, ach würd eins doch seinem gleichen
und erheiterte ihn, würd ich leben nehmen erheitert.

die asymmetrie zwischen wärme und arbeit

da gingen die worte durch sie hindurch wie eine gute klinge,
die sich mit den jahren immer dünner schliff, wie eiskalter
riesling, stählern, eine fuge in c-dur oder etwas winterliches,
ohne scheu dahingesagt für die ohren eines priesters,
einen eingang ohne speicher, wohinter kein container ist
und nichts behalten wird. an keinem andren glitte sie derart
lose entlang. ja, es brauchte hundert jahre weltraumtechnik
zur errechnung dieser oberfläche. das sei die beichte
als driveway, eine in heiterster gefühlsarmut dahingleitende fahrt,
umschattet von palmen. der reueraum war air-conditioned,
welche kühle, fast fröstelnd – das bei einer herrschaftshitze!
und wenn sie dann fickten, dann immer nur als hommage
an jemanden, der beunruhigenderweise noch gar nicht tot war.

mein streifen für diese woche

ich habe die tage gezählt, es waren sieben. und keiner war gleich.
den schlaf, den süßen plüsch, immer wieder aufgedeckt mit einem leisen:
weißt du nicht. ich lag da wie ein vögelchen, ich sagte ja, ich sagte nein
und dachte mir: grammatik. wir verständigten die völker, die völker
kamen dann auch angehuscht. in die kartause. in das kartenhaus,
unsre schnelle stube. zwanzig stühle standen, schnelle stute, rund
um das schwere, dunkle ding. *shanti. shanti.* um, akkusativ, den tisch.

wimpern

da sind einspurige bürsten. schwungvoll geöffnet.
im wind dieser wimpern kommt staub in bewegung,
es strudelt. flotte partikel. oder ein rasendes pferdchen
mit sehr schlanken hufen. mit sehr vielen davon.
da sind aber auch beinchen. wie von insekten, von käfern.
in kaum gelenkiger kürze getaktet am einzigen flügel, dem lid.
oder (im winter) ein störrischer wingert. die stöcke.
gespreizt und betuscht. wenn betuscht, brüchig. aber dann
ist da der bewildernde farbverlauf dieser anderen wimpern,
erst dunkel, präzise gegliedert wie winzige tasten, werden sie
rötlich im aufschwung, gekrönt mit spitzen aus bernstein,
enden sie regelrecht grünlich, noch heller, jetzt sind sie
ein team von antennen, die naht eines funkspruchs,
die, kaum noch sichtbar, sich immer weiter entfernte.

brauen

ich lese, so groß war das als braue benannte gelände
einmal gewesen. ich stelle ein schild auf und warte.
ich hab das feldwerden der braue gesehen. ihr wildern.
was nichts war gegen die aufgescheuchte schlaflosigkeit,
in der sich unsere wimpern kein einziges mal schlossen.
und das käferauge schaute und schaute und schaute.
nur war es dann die haut unter den augen, die alles
doch zeigte, die sorge um sich, um dieses eine gesicht,
das wir noch haben, an allen kommenden morgen.

was herzen lernen

das abtrennen der hände. das auftrennen der nacht.
ein kleines herz in einer großen brust. wie schnell
es schlägt, als gält es, einen steinbruch zu beleuchten.

was alles ich verkrafte. was alles ich. dann wieder.
verkrafte. der gewaltige, katholische brustkorb,
an dessen seitenwänden flügel sich entklappten,
klappten so gelenkig, ein traum vorzeitlicher gestelle
mit fahrigen fühlern, knirschend und flattrig, das war
systemisch: das kleine, das sehr tief im großen schlägt.

als hört ich eine frist. ich sah die farbe der trauer,
ich sah die farbe des glücks, sie waren ähnlich. das ist,
was herzen lernen, wenn man sie lässt: sterblichkeit.

die tischlerplatte

kurz nach sechs, hier sind sie wieder, diese tischler,
diese tischlerstimmen, in die unbehandelten kuhlen
meines halben schlafs gedengelt, unterkante scherzerfüllt.
im monochromen morgen treffen flächen aufeinander,
treffen sich die sägen zum gebet, das nennt man wohl
redseligkeit. das nennt man redlichkeit. doch wenn sie,
so früh schon, fenster zertreten, klirren mir panische
träume entgegen. ganz anders das hämmern, in dessen
rhythmus ich denke, ganz anders das schleifen, auf dessen
staubiger spur ich dem erwachen zugleite – sie sind
täglich die ersten, die zeigen: die dinge sind da.

mein lyrisches ich

kam zurück zu mir und sagte: *i could do that* (das)
'til the end of days. leicht vorgebeugter gang,
diese zeitversetzte taille, noch ist alles gut, ist alles,
wie es sein soll. doch in der nacht, da trafen wir
auf mein brutales double. zurückgerufen mich:
ich sei es nicht. die schwere meiner knochen,
ganz gewiss. ein vogelkopf wippt sprechend
über meiner schulter, dünnes hacken, war da
nicht ein herrgottsschnabel in den augenwinkeln
dieser welt? war da nicht eine enge und ein zwang?
und hab ich schon gesagt: in der tiefen nacht
in jeder stadt begegnete uns auf allen straßen,
die wir gingen, mein brutales double? hab ich schon.
monika, das hast du schon. hab ich schon? du hast.

kooperationen

der kooperierte mit schiffen, mit temperaturen,
mit sirenen und mit der nachbarschaft, der vermehrte
die stunden meiner wachheit um verlassensein.
der leichte rasende schlaf, der mich entließ,
immer zu früh, in senkrechte stunden, halbhell
stand ich im gezwitscher wie stahl oder tang.
der liebhaber war dabei ozean. ich rostete nicht.
stattdessen rostete das salzige wasser.
so muss das wohl. in der kabine hyperrealismus.
ich aber glitt. ich machte frühe sachen in der frühe.
ich schaute auch und ich schaute ihm zu,
als stünd ich auf schrägen, auf wogen,
auf licht oder stärken. auf wind. erst dann
wurde land und es läuteten glocken,
dabei war doch so lange schon tag.

das bewölkte nichts

am sonntag ist das nichts bewölkt.
ist es durchzogen von adern.
ich spreche aber von steinen.
von erzen, von kollernder einsicht.
das wetter ist mild. es ist stur.
dazwischen schreit jemand: basta.

vorüber ziehen blaskapellen,
bannerträger, der heilige sebastian,
aufrecht auf seiner beschirmten insel,
geschultert von stämmigen männern,
die, so will mir scheinen, lebenslang
an ihrer grimmigkeit feilten.
der durchbohrte dennoch
in schräglage.

wenn doch schon abend wär.
erst abend, dann ein neuer tag.

linderung ist, wenn wetter
sich daruntermischt.
etwas, das darüberzieht.
etwas, das darunterliegt.

hier geht dein schuster.

in dieser hinsicht ist es erstaunlich,
dass es die diesbezügliche welt
immer noch gibt, die so mild
und, wie mir versichert wurde:
verletzlich auch ist.

was ist mit den tieren?

»An der Tür insistiert mein Freund, der Parasitologe, ein zweites Mal. Wir leben niemals in den Tieren, die wir essen, sagt er. Richtig.«

Michel Serres: Der Parasit

was ist mit den tieren?

jetzt, wo es klar wird, betrachte mein tier als gekocht.
futro. das fell. es schäumt und es siedet, die hitze
der gabeln, das lappige tierchen. wie hießen die mieter,
die mieter, wie hießen die mieter? das löst sich. wird locker.
herausgeschaukelte balken. etwas verdammt noch mal
übergestülptes, von grund auf verbocktes. es ist ein fiasko.
das blonde, strohige dach. wie es dengelt. schlägt sich
im wind mit dem wind rum, ein prügel. ein grollen.
ist vielleicht etwas zu retten oder zu löschen? brennt es?
muss man die tiere evakuieren? im letzten moment noch
den flammen entreißen? nein, ich höre nichts schreien.
nichts ist mit den tieren. das heißt, du kannst endlich ruhen.

drifting accumulation

immer an den silben bleiben. ich weiß es jetzt genau:
etwas hat mich übernommen, um mich auszublenden.
es ist ein tier. vielleicht eine qualle oder ein quallenverband.
es ist ein riesending. es ist sehr schwer und immer innen.
es verspricht sich was davon. ich täusche mich, es ist kein tier.
die depression hat keine lunge. das hat auch die qualle nicht.
die depression hat nur gewicht. ich denke: lavalampen. war das
nicht wunderbar, als wir lavalampen tranken? war es da?
war es damals da, das tier, das tier nicht ist und nur gewicht?
wir nutzten alles, um den takt zu halten. um nicht nachzulassen.
bis es kam zu uns, den umgekippten und den angezählten.
es hat keinen sinn darüber nachzudenken, es ist da. bis es da war.

DER IMPFLING

die kontur eines pferdeleibs, dareingestülpt, ins hohle,
ist die ganze alte welt, darüber vögel. der arme impfling.
unbemanntes himmelsornament, gelenkt von keinem willen.
flattert. ihm wird bang. was schließt denn nun die wunde?

ja, gibt es eine wunde? wir melden vögel, die vom himmel fallen.
der schlechte atem einer ente, die mich erschlug, als ich, ich
dachte paradiesisch schon, zwischen schafen, eseln, löwen
ruhte. ente war es, deren himmelssturz irgendetwas ruinierte.

das ist die ethik der dosierungen, das extra-unverträgliche
der neuen mischung. einmal injiziert, soll das system sich fortan
nur noch um sich selber kümmern. und was gegen vögel hilft,
das muss etwas vom vogel an sich haben. einen schnabel bspw.

wie sich die dinge ändern, wenn sie überall, doch dort nicht mehr
zu sehen sind. totalität, komplette paranoia. lieber impfling,
ich spreche insbesondere von viren. viren, die nicht säen,
sondern sich mit deiner hilfe mehren, mehren bis zum tod.

aufgesteckte fedrigkeit. sprichst du von terror oder vogelzug?
mein impfling, keiner weiß, wo deren server steht, mein gott,
die haben ja noch nicht mal ein lehramt. die erde, einmal handbreit
eingestrickt, liegt dampfend unter kontakten, sie ist endlich rund.

und was ist mit persephone? persephone war kein impfling.
der eine, der mit einem roten häutchen eingespannte kern
des liebesapfels, attribut der aphrodite, der hat sie mitnichten
gefeit, nein, der nagelte sie für immer halbtags in den hades.

und dann war es doch wieder die ente, deren himmelssturz irgendetwas komplett ruinierte oder vernetzte, der wegfall von terror ist noch lange nicht freiheit, sag ich dem impfling, und deine angst, lieber impfling, hat viele federn, nein, keine.

orpheus charmiert bestien minderer qualität

sitzt er da, auf öder höhe, die tannen haben sich schon rangemacht.
genauso die eichen, buchen, buchsen und dergleichen, die leier lockt.
und nur mal angenommen, der grund, dass er verloren, was ihm
beinah zugestanden, sei der gleiche wie bei ödipus: glatte arroganz.
sieh hin, sieh nicht hin, sie ist hin, ist nicht hin, ist hin. hinieden tiere.
was von alleine sich nicht macht, ist sublimierung. da müssen jetzt
halt alle durch. im anschluss an die pflanzenparade lagern die tiere
sich ihm zu füßen, in harmonie und immobil die nacktschildkröte,
die panoramaseite einer schnucke, die amputierten beine eines luchses,
die mürrische gemütsart des dachses, schlangen kommen und schielen,
von heiligen misshandelte bärinnen unter dem joch der christenheit,
an ochsenstelle eingespannte haarige wildnis, ein tristes sanatorium
der insolvenz. gejagte schatten, von schatten gejagte tiere. tiere unter eis
und tiere unter drogen. die gesunden tiere machen gerade was andres.
ein herdenrennen. oder etwas mit steppe. die gesunden tiere steppen
eine decke. nutzen die edlen hufe zum stepptanz. nicht so der kranich.
die angefahrnen pferde. die hunde, linksgemacht, ihnen ist das fell längst
ins kleinhirn gewachsen, debile hasen und das suchttier *par excellence:*
das flüchtige einhorn. die ganze scheppernde schar. und jetzt: sing noch eins.
eins von deinen tollen liedern, orpheus. und orpheus sang. und sang. und dann.
dann kamen die mänaden und nahmen sich auf ihre art der sache an.

i had a pony (her name was lucifer)

ihr gieriger ponyblick unter züngelnden brauen:
so versteinert sie blüten, den himmel zu stein,
lapislazur. in breitband wird rotes zu riffen,
korallen, umkreist von fischigen kellnern,
kann sie schon wieder nicht zahlen, muss
sofort weg hier, in ihrem rücken gerangel,
die gäste schauen zu boden, schauen in gläser.
als ein kellner sie an den haaren herbeizieht,
lacht sie, kippt fast, kennt keine dosierung,
ihr erhobener arm fuchtelt toxisch verstärkt,
es klimpern die billigen klunker wie schlüssel –
wie sie jetzt losschreit, wie es denn sein kann,
dass wir alle offenbar komplett vergessen,
dass dem hals der von perseus geköpften medusa
unter andrem ein pferdesöhnchen entsteigt,
das blitz bringt und auch donner dem zeus,
der – jetzt lest halt euren hesiod, ihr vollidioten –
über diese attribute der herrschaft zuvor nicht verfügte.

das abdrehen der schlafakrobatin

gelenkig ist sie, manche sagen, sie sei ausgekugelt,
und meinen das als kompliment. eine schnelle pflanze,
die sich hindreht, wo das licht ist, stängelbildend,
knotig wie ein kugellager, ungerichtet und mobil.
tiere hält sie. und befiehlt sie an die wachen betten.
da sind wieselkehlen, hundereste, pferdepartiale,
nie das ganze tier mit hufen, fesseln, widerristen,
da sind nerven unter dem fell, die blitzen, da ist
das träufeln einer flüssigen mähne um meine stirn,
ein nickender kopf im rhythmus des unmuts,
die weiche wiege des mauls. doch wo der traum
beginnt, verschwindet sie. ihre murrende truppe
auf dem rückzug. da lieg ich nun, meine zu fäusten
geschlossenen hände unter dem kissen wie pfötchen.

was der hund sieht

was der hund sieht, wenn der hund mich sieht.
der hund sieht mich als die tapete seines napfs.
ich bin aus reizsamt, bin blümchenbildend und allein.
der hund leckt mich sauber aus, und schon bin ich satt.
später begegne ich dem hund als spur von rache,
die man riechen kann, und rache riecht kacke.
ich hau ihm eins über. konvex und betröppelt lahmt
der verprügelte hund zum ewigen frieden, oder wie
heißt das, wo haushaltsgeräte zum sterben hingehn.

supercortemaggiore!

der hund schaut mittenmang durch meine augen auf die innere schrankwand meines schädels und liest die graffitis, die dort hinter der bügelwäsche im vorbeifahrn von rivalisierenden jugendbanden aufgebracht worden sind. johlend. das macht den hund so traurig, dass er ungewollt zum streuner wird, immer drauf aus, von einer gemeinnützigen kugel niedergestreckt zu werden. treffe ich ihn zufällig in meinem viertel, senkt er den blick. er will mich verleugnen, was ich ihm erleichtere, indem ich sofort in ein taxi steige und im vorbeifahrn rivalisierende jugendbanden zu ordnungswidrigkeiten aufstachele. dazu muss das taxi sehr langsam dahingleiten und zudem das verdeck öffnen. was für das taxi glücklicherweise kein problem darstellt. daran sehe ich, dass es mit unserer gesellschaft zum besten steht. später überfahren wir den hund. ich weiß von früher, dass er von zwei weiteren haxen und dem ruf: *supercortemaggiore!* ins jenseits begleitet werden will. schnell besorge ich die haxen. das hundejenseits ist mehrstöckig mit damen und daunen gestaltet, das parkett gelaugt und nicht lackiert, die verwaltungssprache ist polnisch. übersetzer gibt es keine, was hinsichtlich des gegebenen vollkommen logisch ist. rivalisierende jugendbanden sorgen für das leibliche wohl und gute laune muss man selber mitbringen.

das kapitale schaf

weißgetupfte tummelplätze: ein gut aufgestelltes schaf.
die muskeln solide wie nylon, im dunkeln sind rippen,
der ausbau der haxen endet in mageren stöckchen.
aus den hufen gewinnt man knöpfe, dildos, prothesen.
darüber wummert talg und außen kraus das unterhaar.
das ist das schaf, wie es minütlich mehrwert produziert.
das ist das schaf danach auf dem weg zum superschaf.
das schaf mit zugespitzten schüsseln. das schaf,
das in den himmel zeigt, das schaf als bohrturm,
das visionäre zukunftsschaf, das schaf von morgen,
das zu geld gemachte, mörderisch beschleunigte,
millionenschwere weiße kissen, maximal und abgezählt.
mäuler kreisen, es kreist das mark, das kapitale schaf.
und es kommt immer wieder, zwei komma zwei, zwei
komma drei, zwei komma vier millionen schafe kreisen,
und am ende blinzelt, sehr müde, das schaf der vernunft.

(mit dank an frau scho)

gegen-gestirne

Variationen zu einem Thema von Jules Laforgue

Encore à cet astre

Espèce de soleil ! tu songes : — Voyez-les,
Ces pantins morphinés, buveurs de lait d'ânesse
Et de café ; sans trêve, en vain, je leur caresse
L'échine de mes feux, ils vont étiolés ! —

— Eh ! c'est toi, qui n'as plus que des rayons gelés !
Nous, nous mais nous crevons de santé, de jeunesse !
C'est vrai, la Terre n'est qu'une vaste kermesse,
Nos hourrahs de gaîté courbent au loin les blés.

Toi seul, claques des dents, car tes taches accrues,
Te mangent, ô Soleil, ainsi que des verrues
Un vaste citron d'or, et bientôt, blond moqueur,

Après tant de couchants dans la pourpre et la gloire,
Tu seras en risée aux étoiles sans cœur,
Astre jaune et grêlé, flamboyante écumoire !

Jules Laforgue

encore à cet astre

weißt du, ältliche sonne, du rührst mich nicht mehr,
herzlose sterne verspotten zu recht das fade licht
deiner strahlen, deinen fadenförmig gelierten jammer,
der die kälte nicht einschlitzt, sondern extemporiert.
im märz meiner gier nach gegrilltem, nach grillen,
nach verhängnis und tickets und surfern auf speed,
erinnere, sonne du, die fischigen leiber entlang
südlicher leinen, als du so jung noch mit energischem
licht die textur ihrer aufgefädelten und dir so enorm
ausgesetzten filets sekundenschnell ausdörrtest.
du gelbes und schlankes gestirn, jetzt träumst du,
erloschen der schaumlöffel, bald ein streifen aus gas.

encore une fois à cet astre

jetzt genügt schon tief unten auf erden ein regen, das licht geht,
vite, vite, das licht geht, schreit die regie in die funke, *plus vite*
bläulich verwischte kulissen wie unter nassen tüchern kühle
gesichter und haare, ein windstoß, ein zweiter, der jubel verhallt
mit dem hagel, rennen, über kabel stolpern, schneller werden,
ein dünnes kreuzen und queren, auf dem set, was für ein aufruhr –
im steilen winkel brechen die halme, dann später die leere,
die winterhallige scheuer, das klappern der zähne, der hufe,
sans trêve, en vain, wohin du auch gehst, mit deinen kernfusionen
und photonen, du gehst doch zu grunde am ende des drehtags,
verspottet vom kaltglühenden licht längst erloschener sterne

denk dir, *espèce de soleil*

etwas nicht können, ganz vorsichtig gleiten die kuppen
darüber, listen, linien, wie wispernd: es nicht können,
wispert ihr echo noch: wieder nicht, denk dir, *lentement,*
denk dir das erste als erstes, denke, du ließest mich denn,
stille driftend, ungesegnet, dahin, wo die sichel sich senkt,
la lune grêle, unmerklich bewegt, in der geste zur erde
wispert struktur: es wieder nicht können. linde, sedierte,
linierte köpfchen, die gerundeten spitzen, diese, deine.
netze denke, leichthin gewebtes, lockere versehrliche fäden.
und löst sich die zum triftigen knäuel gewickelte gegend,
entrollen sich schnüre, der lauf des verbliebenen garns
weist hinab, entlang dieses weges, im märchen, ins tälchen.

Nu descendant un escalier

sonne, mein pony, glaubst du wirklich, ich würde,
mitten zwischen morphinierten knalltüten, die
im treppenhaus lungernd mich durchkommentiern,
ausgezogen, als *Nu*, die spiralig gedrehte treppe
zu gnaden gehn – *même* (sogar) in diesen sogenannten
surrealismus hinein. sonne, du kühle, da kennst du
mich schlecht. die kurze belichtung semantischer drift,
automatismen, schwere verletzung, ein fixerbesteck.
wo? ich sag mal, auf dem bügelbrett, äh, himmelbett …
weißt du, ich werde andere schwere fehler machen,
nicht nur solche, die sich leicht beheben lassen,
pony, unter deinem syntagmatisch hellen licht.

ich schreib dir, gestirn du

stell dir vor, implosionen, kurz darauf die explosion,
dein leuchten, dann, wie schnell du auskühlst,
liebste, du willst weg von mir, wie hell du bist
am letzten tag, dann greift dich der wind,
die finsterste beschleunigung, eine wolke, nein,
ein streifen aus gas und irgendwo anders,
weit weit weit entfernt, steht einer am fernglas
und berechnet aus deinem ende die entfernung
weit entfernter galaxien, während du als supernova
in einen sog hineingehst, wo licht nicht ist, wo gar nichts ist,
auch kein entkommen ist, kein traum mehr ist,
wie soll ich, frag ich dich, wie soll ich, soll ich denn

harpunierte partiale

»We practice dying through a continual destruction of our self-images, inspired not by the self-hatred which seems within, but by the truth that seems to be without; such suffering is normal, it goes on all the time, it must go on.«

Iris Murdoch: The Good Apprentice

momente kurz vor der besinnung

ein anschrein im schrägstand, die hand an der theke, wir agieren gegen den keeper, doch letztlich agieren wir gegen die uhr, im zeitfahren, alleine. ein weiteres anschrein, wir sind in der klemme. die doppelte zuflucht klickt: ein automatisiertes dilemma, das sich öffnet, sich schließt.

das emsige klappern der sachen, kurz bevor es dann hell wird. aus roher empfindung modellierte gefühle, als käme man mit der schöpfung direkt ins gespräch, mit dem knospenbepackten fleisch der zunge, den zähnen. die unerbittliche nähe von allem.

das ist die aggressivität des idealen objekts. das sind rote und blaue dioden in grauem gewebe – und wie der zeiger dann ausschlägt, das notat dieser empfindung. das so genau richtige.

als wären wir alle organe von etwas kaputtem. pumpen bei stetig abfallendem druck. ein leck, hohe fontainen. die rausgeknallte energie. komisch verrenkte freunde von fremden, kippeln und rippchen, nachdem ich sie von ihren hochbeinigen hockern gefegt hab. sie müssten sich auf fliesen winden, was sie nicht tun.

das herablassende wedeln der rückhand, die röte aus dem gesicht. sein fächer sein. wenn jetzt eine hereinkäme und fragte: will hier jemand einen taillierten hundepelz, sagte ich ja, dann sagte ich ja, dann jajajaja.

am morgen drauf ein im grunde unverdienter kater.

twisted memories

rotierender kampfstern, ein räuspern,
wie es sich hinstellt, aufstellt, bereit ist,
eintritt, dann aber mitten ins brustbein.

s. empört sich, k. reime *roses* auf *prozac*.
l. macht mir den rost runter, schon laufen
die tränen. jedoch: all das hat gar keinen sinn.

unaussprechliches zwischen geräten.
ja, mehr oder weniger ein ganzes service.
und ein gerölle. zwischen den geräten
haben wir gelebt wie die tiere.

und unter dem kühlschrank, also unter
dem kühlschrank, auch wie die tiere.

in ewigkeit angst und champagner

artig artig artig – eine besonders einprägsame geilheit
wie ein hang, ein geflecht (ich sage mal: grünlich)
in einer geschlossenen form, unvordenklich,
arm an ausgang. der körper haftet schwer und rund
und auch mit seinen augen, während man um mich her
eine sprache spricht, die ich nicht kenne, plötzlich
die idee, eine kleine flasche shampoo zu trinken –

gott, diese großen hände.

alkohol die alte schlampe

um die lippen schatten sperrholzplatten,
darin sind stare, die sich paaren, federn,
und ansonsten parasiten, so was wie: ja, ne,
diss kannsch garnich mehr ertragn, kleines,
richtig irre kleines schwappt im schwall
von redelappen aufgehalten gegen hauswand.
mädel, du hast rote augen lippen tote titten folge
kosen kosten will ich liebe nieren und die augen
deines rudels funkeln dunkeln kalkulieren
fünfundzwanzig, fünfzig, siebzig, zückt sich,
ziemt sich, aus der hand gehaunes münzgeld,
frisch verschorftes kittet flusen in die wunde
und der gottverdammte pulli ist so rupfig.

meine stumme fresse feige vor tristesse

DA fiel mir die fresse runter, wo ich als eine andere unbeirrt und ohne wimpernzucken weitermachen würde, das allerdings in einem schrank, wo ich nicht alleine, sondern unter priestern wäre. zwischen jogginghosen, frotteemänteln, negligés könnte ich dort alles sagen, es käme frisch aus mir heraus, als wäre ich gedüngt. schlussendlich träfe mich der knospengleiche blick der priester wie der einwurf des lavendelsäckchens, ich knickste an der stapelkante bügelwäsche, räumte die nylons in das sockenfach, das wir einst scherzhaft »hölle dein gulli« genannt. in der passage fremder wintersachen, beringstraße, kämen priester mir entgegen und würden mir, weil sommer wär, libellenstill die träger lösen und die angst mich lehren als etwas neues, das ab jetzt irgendwie dazugehört, wozu die deponie zu kleiner pullis applaudierte.
in einem andern schrank zur gleichen zeit: tennisturnier anlässlich der wiedereröffnung der fresse mit festakt und referendaren.

NZL

nutten zur literatur. keiner lachte.
note to self: never make that joke again.
nein beige, das biest war beige und es trug frack.
es war eine mannshohe dogge und sie trug frack.
ganz eingedenk der natur, ihre tatzen lagen schulterhoch.
so etwas wie adornitische animation.

und das, so hörte ich jemanden sagen,
das sei tristesse. klingklong. der keeper guckt rüber.
er ist ganz dünn – wie ein winseln im grünen.
er nimmt beflissen unsere wünsche entgegen.

könnt ich dazu noch mal
das fahrige hörnchen tuten
hörn am tresen, du triste,
so gebrauchsmäßig ditte
wie grade dreckseben.

break even.

draußen regen. wir garnen uns an.
auf das pflaster gefallene kelle.
mussensun: super MUTZ: die frau, das tier
ohne schwanz. da nich für. da nich für. denn
es wird, solang es menschen gibt, geschöpft.
und auch – damit.

endlos verlängerte klaviaturen des schnaps

das sensorium von was ist denn jetzt schon wieder ich
du andererseits via exegese von geschlechtsverkehr als
kulturelles schuldig matt matt matte anbändigung was
was vacui? zuletzt keinswegs wobei ich nein mein mich
regale gender mute ihm das mir wie warum mutest du uns
was? woher solln? wie bitte wir schlicht eingerechnet du
soziogramm beklaut zumal leg dich du hast nichts verpasst
verdrehte lage da verlassen kinder kriegen endogene
apparate talentiertes angst gehabt hat nicht was nicht
hingehaun wieso? andres thema wieso wechseln hört
ihr bitte karriere und neben mir sagt jemand leise: … was?
nur ein hauch von einem » w a s «, weniger ein wort
als eine fügung aus befremden, und ich schwöre, würde
schwören – es ist gerissen, war der vorhang, wurde hell.

vierzehn tage in der taucherkammer

in der taucherkammer der affekte karten kloppen
und danach wird gebolzt, aber wuppti, wuppti, dass die
armaturen nur so scheppern. unser aller blutbahn gesättigt
mit stickstoff. das einhalten der nullzeit ist eine tägliche prüfung.
ganze familien dämmern so vor sich hin, in neopren und
nach der größe geordnet. dieses warten, im wimmern
der membranen. aber wenn das vorbei ist, passt zwischen
tarantella eins und tarantella zwei noch eine kür mit keulen.
an den trikots reißen die träger. von innen beschlagen die brillen.
zwischen zwei korrespondierenden schichten des ausgleichs
spielen die noch immer nicht dekomprimierten eine partie
strip-schach. aber, aber das arme, alte gewebe entsättigt sich
wieder zu schnell und der luftdruck will einfach nicht sinken.

radio vanitas

die andere war schmal, war ein plüschtier ohne plüsch,
war die von hoffesten mattgehetzte fürstenbraut,
war ganz auge, ganz fragil, und ich vielmehr ein jeep,
ein *hummer* mit kaputtgefahrner kupplung, und wie hast
(ich sag mal du), wie hast DU mich an die wand geknallt,
ja, ich mach jetzt in bekenntnis, bekenntnis zahlt sich aus,
also hoch mit dem visier, ich zieh sofort die letzte karte.
denn irgendwann wird all das eh! zu end sein, dann wird
keiner sich scheren und keiner wird schaf sein, die beute
wäre nur die halbe miete. für den rest wird der körper erlegt.
nur ich hab das ewige leben, weil ich nämlich vorbereitet bin.
das ist die frequenz, das mein ewiger sender. ich kanns nicht
anders sagen als eben so: du bist so schnittig, das heißt roh,
willst dreinschneiden, vielleicht leiden, hüt dir die blümelein.

WAS MACHEN DIE FRAUEN AM SONNTAG?

übrigens, ich habe begonnen, schlimmes zu wollen.
das trifft dich nicht mehr. aber mich trifft es.
ich werde von unterschiedlichen altern durchquert.
in keinem davon macht mir irgendwas etwas aus.
daher sehe ich alles genau so, wie es ist. konturen.
innerlich ausgegossen, vollgesogen mit gift, mit honig,
mit zorn und vor ergebenheit fickrig. keiner versteht.
nur die frauen verstehen. die frauen sind gut.
die frauen sind sogar sehr gut. die frauen sind
auch sehr schön. die frauen haben schöne seelen.
die frauen tragen schöne schuhe. die frauen
werden immer mit mir sprechen. die frauen bleiben,
wenn sie auch das land verlassen. die frauen sind da.
ich spüre bei den frauen eine wachsende bereitschaft
zur gewalt. die frauen vergrößern sich endlos und gehen
darüber hinaus. wir posten fotos von unseren fotzen.
es wird egal. was wird genommen, was gegeben.
es entspricht sich nicht. schreiben. schicken.
weitermachen. schreien. nicht verständlich sein.
am cap finisterre der empathie. wir sind am end.
indes gewinnen aber die träume an realismus.
denn die tagesreste perpetuieren. sie setzen sich
fortwährend durch, wenn auch die inhalte wechseln.
in einem traum warst du hier in berlin, da stand ein zelt,
da warn bierbänke, da hab ich dir vor die brust gehaun,
du bist gefallen, dann hab ich deine tasche getreten,
mehrfach, mit entsetzlicher verve. da sagtest du, hör auf,
ich bin doch gar nicht wegen dir hier. da waren dann
auf der andern seite der bierbank nicker und abnicker,
die sagten, genau. er ist nicht wegen dir hier. jetzt lass das,
und ich fands im traum so schad um meinen schönen zorn.

du aber warst jünger und sahst aus wie josef der täufer.
gestern im traum die schwarzhaarigen hatten rote haare
und hohe wangen, überall war kupferflaum, dahinter adern
angerötet, aber sie waren und blieben doch schwarzhaarig.
hilfloser applaus. im publikum wird jetzt *despair* ausgelöst,
das ichbild mit füßen getreten, dazu irgendetwas gerufen
und sexuelles zucken markiert. das ganze sehr handgreiflich.
die wunden trägt man als broschen. wir machen löcher,
wo keine waren, und wollen da mit unsern schwänzen rein.
das alles wird bezeugt, die stenografen tragen halter,
an denen man was befestigen könnt, so man etwas hätte.
später fällt konfetti und kunstrasen. dann gehn wir nach haus
und sitzen am fenster, als gäb es die romantik noch.
und das alles an einem einzigen sonntag. das machen
die frauen. ja, kannst du mal sehen. UND JETZT DU!!!!

vager geklagt

die quellen der belehrung

vergeblich bitte ich den fahrer um feuer. vergeblich
rüste ich die dinge mir zu, meine knöchel, weiß und rot.
das ist der knorpel, der hebel. hinter der haftanstalt links.
wohin werde ich diese demütigung speichern?
speichere ich das unter person oder funktion –
eine frage, konfligierend und in jeder hinsicht neutral.
das ist ja das dilemma. das spielfeld erhöhen,
die standards verändern oder etwas finden,
das hilft, sie zu fliehen. oder nur hinsehn, unbewegt,
immunisiert durch zorn? soll ich mich etwa läutern?
wissen sie, hauptberuflich bin ich kirchenvater,
ich bin als fahrgast nur getarnt. daher sage ich ihnen:
neben den fünf sinnen, die sich nach außen richten,
haben sie, laut origenes, fünf weitere sinne,
die sich nach innen richten – noch ein kleines stück
in die wilsnacker rein –, und erst wenn sie auch diese
verlieren, können sie wieder von vorne beginnen.
andere menschen werden sie lieben, vermutlich.
aber schauen sie mich an, das, was sie hier
im rückspiegel sehen, ist mein zweitletztes gesicht
zur produktion sinnlich erfahrbarer gegenwartsfülle,
mehr gibt es nicht. machen sie vierzehn, gutnacht.

das rechte auge immer am magnetfeld

großer flieger, enger flieger, du beknieter vogel.
ja, auch vögel haben knie und sie knicken
in der gleichen richtung wie die unsrigen.
was umgekehrt gebeugt wird, ist der knöchel.

das meine bestellung, das deine bestellung. *did you
say yes to ice?* die knie geöffnet, das geht nicht.
die knie geschlossen, das geht nicht. nichts geht mehr.
zollbeamte, musterungen und ein ungedeckter schlaf.

was ist scham, was peinlichkeit, ein korridor
vielleicht. ein gut angefasster gaul. diese frechheit
des so voller absicht nicht mehr fortgeführten,
auf der halben strecke abgestoppten, dieser zug
um seinen mund wie bei einer ente:
sexy, und irgendwo auch debil.

der wagen

innerlich hat er mich längst zum flieger gebracht.
innerlich hat er sein haar schon in ihres geflochten.
der tiefe sitz. als würden leute in der tiefe knödelnd
womöglich von unten her schwitzen, in diesem wagen
muss doch eine schräge oder eine täuschung sein.
ich nahm die höllenmaschine, nur dass ihr fahrer
einen buckel hatte, eine brücke, die sich mittig
aus dem rücken krümmte, ich ersah es nicht,
eh ich nicht meine hand drauf hatte, die ränder
identisch. identisch mit meinen, ich meine: händen.

wie ein arm nach endlich gelöstem gips bräunlich
saß der fahrer neben mir. als ginge es in die tiefe,
linksseitig die lüge oder die schlucht, und ich schaute
hinab in ein tal, wo es taute. das ablaufende wasser.
genauso schnell wie die ferne sei ihre behebung?
ja und nein, wasserfalls stürzten federn und rippchen,
irgendwelche entfernten skelette. hör auf zu flennen,
sag ich zu ihm. du heulst ja schon wieder, alles wird
nass oder verendet. zum flughafen bringen. wir fahren
geflutete bahnen, ja, flennst du schon wieder, du sau.

teenage winter again

im winter in new haven auf einer bank am *big green*,
stunden umstellt von kirchen, wieso froren wir nicht,
wir froren ja doch, diese sehnsucht nach süden,
und wie überaus klar hingegen das einverständnis,
dass das gar nicht geht. die temperatur, die kühle
wirkte so auf uns, wie sie auf tiere wirken müsste –
etwas anderes als sie ließ sich schon nicht mehr denken.
weil wir aber menschen waren, dachten wir: melancholie.
damit hatten wir recht, hatten wir wieder einmal verloren.

um was es sich handelt

ein ganzes gelände von tümpeln,
hellgrauer lehm, berge aus bauschutt,
dann die insekten, sehr große libellen,
die waagrecht stehen, brummen.
gekreuzte springer nutzen die matte lasur
des gesammelten wassers zum absprung,
zur landung. ein kräuseln. ein triller.
dann ihre fressfeinde, die frösche,
und am ende der kette auch wir.
wir gehen. wir waten. wie schleppend.
dass es so schwer ist zu gehen, so langsam,
mit müden, ermüdeten knien.
die sprünge. die landung. der faulige glanz
auf dem wasser. die geringste berührung
ist ein so plötzlicher schub, winzige ringe.
atome schwingen, schwingen in der ruhelage.
frösche schlucken. libellen. dann wieder wir.

wie es war – unser studentisches wir

erinnerst du dich, *darling* – wir lasen den ganzen
max weber in jenen gekammerten stunden,
die im all umhertrieben, knackten und kippten,
ein schrank aus ehrgeiz und aus lampenlicht,
ach, das sorgsame umlegen der seiten, und
oh, die so magische mimik des kundigen.

träume von eigenen kindern, hatte ich nicht zwei davon?
dann – wo war das andre? war das nicht ein hübscher junge
in einer roten buxe, dahinsegelnd auf glattem parkett?

die welt verglatzt, der staat, so lernten wir, sei zeit.
das sind die räume der entleerung. das ist die kultanstalt.
wir wollten was wie regen machen, feuer machen,
weitermachen, erkundigungen, fertigkeiten
und noch immer frei flottierend wollten wir das,
was die studenten von aerodynamik wussten.
doch krähen kreisten über uns, das schwarze pack,
sie erwarten, so notierten wir, unser letztgültiges trudeln.

am ersten tag des jahres

sagte sie: man mag es hier, das meer, man schätzt es.
obwohl man alles reinkippt, laufen lässt, nicht wahr, verklappt.
es war hell und doch: hell war es nicht. und war doch hell.
es milchte wie ein schnaps, das licht. an diesem festen strick
ins meer hinein. das graue war gesäumt von bänken. weißen.
die quoten sinken, sagte sie. man hat es doch, und sei es
auch nur ausgedacht, man hat es doch. mit jedem schritt
auf sand, der nur noch reibung ist, ausgedachtes zu erneuern.
will ich weinen? wollen bis ich nichts mehr will? krepierte
wellen schwappten, dann der schneefall, nass und schnell.
und obenauf schaukelten schwäne wie ein kommando.

land des wohlergehns

die welt ist wohl doch eine scheibe. musikalisch
gekrümmt an ihren endlichen rändern, da,
wo die seltenen häuser stehen und würfeln.
der name dieses sees sei grüner schimmer.
wie widerwillig doch das licht vom wasser lässt,
die weichesten wellen, fältchen, noch immer
in matter beleuchtung. welch eine großmut.
panoramen, die nicht in die breite gehen,
die sich nicht erstrecken wie geraden, liberal
von ost nach west, nicht diese faden perspektiven,
sondern die sich, wie von selbst, flüsternd
hinter meinem rücken krümmen, sich knüpfen
zu einer vollkommenen form, dem kreis.
mit »*a parte ante*« und »*a parte post*«,
las ich dort, bezeichnet man von der
ewigkeit diejenigen teile, die vor oder
hinter mir liegen, und dachte erstmals: iwo.

jeder und jede

gefühle wie losgelassene kiesel, zeig mir deine hand.
die ovale form des sommers, erinnerst du dich: euglena,
alles, alles wird einfach und jeder und jede alleine ein kern,
es ist wie in der chemie, deine elemente sind leere, leere, leere,
du wiederholst dich, bist lose, der stundenschlag aquarelliert.
mit der durchgeknallten effizienz eines wassertriebes
in den himmel schießen und am ende den stängel mit
rundum verkümmerten blättchen krönen, das kannst du.
der sich lösende griff, zwei auf dem abstieg zur formlosigkeit.

jardins des tuileries

in den gärten ein verschwitzter hang
zur symmetrie, buchsbäume, kegelig zivilisiert,
hitze und schon wieder der identische brunnen,
überladen, ganz leise verwirrend entlang einer
psychischen achse gespiegelt. so heiß. dann ich
als varianz an seiner feuchten hand, ein schleier,
wie ein innerer nebel, kondensate, tröpfchenbildend,
wir denken mit den haaren, mit den härchen, und
wo es den körper hinausgeht, geht es wieder hinein,
ist es warm wie beim betreten eines innenraums,
vielleicht ein dampfiges zimmer inmitten der lunge,
die durchtriebene weichheit orientalischer kissen,
hingaben im rhythmus des handkantenschlags und
der symmetrische nachgeschmack unserer grenzen.

mein denken

ich hab heute mittag mein denken gesehen,
es war eine abgeweidete wiese mit buckeln. wobei,
es könnten auch ausläufer bemooster bergketten sein,
jener grünfilzige teppich, den rentiere fressen.
nein, einfach eine rege sich wölbende landschaft jenseits
der baumgrenze, und sie war definitiv geschoren.
die gedanken gingen leicht schwindelnd darüber
wie sichtbar gemachte luftströme, nein, eigentlich vielmehr
wie eine flotte immaterieller *hoovercrafts*. sie nutzten
die buckel als schanze.

tour de trance
my task, she said, was poisoning time

wie sich alles drehte, wiederholte, dehnte
und rotierte, die wärme war *a space so vast*,
so katastrophisch groß, war sie arena,
worin die trümmer von objekten trieben,
wilde schläge in der ferne, keiner hörte,
jeder fühlte, die wellen der erschütterung.
wo etwas fehlte, wurde alles größer,
drehte sich, rotierte, kam ins schlingern
und blieb dann in der mitte liegen.
die müdigkeit war eine kur, das gewicht
der atmosphäre, halluzinogene schwere
federte, es drehte sich jetzt weniger,
als wären die schläge, in dem, was sie sind,
gegenstand der verdünnung, als würde
die zeit, der reißende raum, präzise und
zärtlich vergiftet, in ihrem gewebe stiege
die chemische schwäche, es schäumte,
erstickte, das weiße lager der krusten,
das sich formierte, wird reicher und toxisch
verrauschten die schläge, es dreht sich,
dreht sich unmerklich, und steht.

inhalt

SIE WERDEN ERHEITERT
das unternull der romantik 7
zum fernbleiben der umarmung 8
das gegenteil von verführung 10
bitte wie geht vorbereiten 11
hoho hortensie 12
california dreaming 13
hypotypose: liegen auf schienen 14
die dritte hand 15
die asymmetrie zwischen wärme und arbeit 16
mein streifen für diese woche 17
wimpern 18
brauen 19
was herzen lernen 20
die tischlerplatte 21
mein lyrisches ich 22
kooperationen 23
das bewölkte nichts 24

WAS IST MIT DEN TIEREN?
was ist mit den tieren 27
drifting accumulation 28
DER IMPFLING 29
orpheus charmiert bestien minderer qualität 31
i had a pony (her name was lucifer) 32
das abdrehen der schlafakrobatin 33
was der hund sieht 34
supercortemaggiore! 35
das kapitale schaf 36

GEGEN-GESTIRNE
Encore à cet astre (Jules Laforgue) 39
encore à cet astre 41
encore une fois à cet astre 42
denk dir, *espèce de soleil* 43
nu descendant un escalier 44
ich schreib dir, gestirn du 45

HARPUNIERTE PARTIALE

momente kurz vor der besinnung   49
twisted memories   50
in ewigkeit angst und champagner   51
alkohol die alte schlampe   52
meine stumme fresse feige vor tristesse   53
NZL   54
endlos verlängerte klaviaturen des schnaps   55
vierzehn tage in der taucherkammer   56
radio vanitas   57
WAS MACHEN DIE FRAUEN AM SONNTAG?   58

VAGER GEKLAGT

die quellen der belehrung   63
das rechte auge immer am magnetfeld   64
der wagen   65
teenage winter again   66
um was es sich handelt   67
wie es war – unser studentisches wir   68
am ersten tag des jahres   69
land des wohlergehens   70
jeder und jede   71
jardin des tuileries   72
mein denken   73
tour de trance   74

Monika Rinck *Ah, das Love-Ding!* Ein Essay

»Dieses Buch, das nicht nur durch seinen ungewöhnlichen Titel, sondern auch seine liebevolle Aufmachung ins Auge sticht, handelt von unserer Sehnsucht nach Gemeinschaft. Es geht um den Schritt vom Ich zum Wir, und zwar auch jenseits der traditionellen Paarbeziehung: also um die inneren Gesetze von Cliquen und Freundeszirkeln. Monika Rinck schreibt so atemberaubend originell, dass man fast vergisst, hier einen Theorietext zu lesen. ›Ah das Love-Ding‹ ist ein großer Essay, so angenehm wie ein schöner Abend in einer Lounge, ein anregendes Buch über das Abenteuer Denken.« *Denis Scheck, ARD*

»Monika Rinck versucht nichts weniger als ein zeitgemäßes Symposion, eine Art verschriftlichten Salon im 21. Jahrhundert. Und der gelingt ihr bewundernswert, anregend, poetisch, verspielt, doch immer existenziell.«
Nicolai Kobus, Tagesspiegel

Ausgezeichnet von der Stiftung Buchkunst als eines der schönsten deutschen Bücher 2006 ▬
Monika Rinck *Ah, das Love-Ding! Ein Essay* ▬ Reihe *Essay* Band 2 ▬ 200 Seiten, 18,90 Euro, ISBN 978-3-937445-20-5